El mundo oculto de

los inodoros

Volumen

Monika Davies

Asesoras

Lisa Ellick, M.A.
Especialista de matemáticas
Norfolk Public Schools

Pamela Estrada, M.S. Ed.
Maestra
Westminster School District

Créditos de publicación

Rachelle Cracchiolo, M.S.Ed., *Editora comercial*
Conni Medina, M.A.Ed., *Gerente editorial*
Dona Herweck Rice, *Realizadora de la serie*
Emily R. Smith, M.A.Ed., *Realizadora de la serie*
Diana Kenney, M.A.Ed., NBCT, *Directora de contenido*
Stacy Monsman, M.A., *Editora*
Kristy Stark, M.A.Ed., *Editora*
Caroline Gasca, M.S.Ed., *Editora*
Sam Morales, M.A., *Editor asociado*
Kevin Panter, *Diseñador gráfico*
Sandy Qadamani, *Diseñadora gráfica*

Créditos de imágenes: Portada, pág.1 Claus Alwin Vogel/Getty Images;
contraportada Imagemore Co., Ltd./Alamy; pág.5 (superior izquierda) Vitaliy Markov/
Alamy; pág.6 Getty Images; pág.8 (inferior) William Robinson/Alamy; pág.9 (superior)
Arcaid Images/Alamy; pág.10 (superior) Peter Horree/Alamy; pág.10 (inferior) PA
Images/Alamy; 11 (ambas) SSPL/Getty Images; pág.16 (superior y centro) © Monica
Bonvicini and VG-Bild Kunst. "Don't Miss a Sec", 2004", fotografía de Jannes Linders;
págs.16 (inferior), 17 Zuma Press/Alamy; pág.20 MarkWilliamson/Science Photo
Library; pág.21 (ilustración) Timothy J. Bradley; pág.23 (derecha) Dinodia Photos/
Alamy; pág.24 cortesía de las Naciones Unidas; pág.25 Europa Newswire/Alamy;
pág.26 cortesía de Cranfield Water Science Institute, Cranfield University; pág.27
Kumar Sriskandan/Alamy; las demás imágenes de iStock y/o Shutterstock.

Teacher Created Materials

5301 Oceanus Drive
Huntington Beach, CA 92649-1030
http://www.tcmpub.com

ISBN 978-1-4938-8320-2

Contenido

El trajín de los inodoros

Se estima que cada semana pasamos más de una hora y media usando el inodoro. ¡Eso suma un total de casi 92 días a lo largo de la vida! Mantenemos una relación bastante cercana con nuestros inodoros. Pero, ¿los damos por sentados?

Los inodoros **trajinan** mucho por nosotros cada día. ¡Y casi no les agradecemos su esfuerzo! A simple vista, un inodoro es un artefacto sencillo. Fue diseñado para deshacerse de los desechos humanos. Y, listo, eso es todo. Sin embargo, los inodoros son artefactos fundamentales para un **saneamiento** adecuado.

Para muchas personas, el tiempo que pasan en el "trono de porcelana" es un hábito común. Pero no es así en todos los casos. En el mundo hay aún 2,400 millones de personas sin acceso a un **retrete**. Se trata de un problema crítico a nivel global. Y es una causa que tiene el apoyo de las Naciones Unidas (ONU). La disponibilidad de retretes limpios en los **países en vías de desarrollo** debería ser una prioridad mundial. Pero la comunidad global tiene que trabajar en conjunto para convertirla en realidad.

Tal vez nunca hayas prestado demasiada atención a los inodoros. Sin embargo, tienen una historia pintoresca. Si piensas en inodoros, probablemente te venga a la mente el de tu casa. ¡Pero hay inodoros muy diferentes por todo el planeta!

Este **escusado** antiguo está exhibido en un museo de Grecia.

Este desgastado retrete se encuentra junto a un sendero de Nueva Inglaterra, en Estados Unidos.

Este retrete medieval está en el castillo de Játiva, en España.

Una historia que da vueltas

A lo largo de la historia, los seres humanos han tenido que ocuparse de sus desechos. La solución moderna consiste en hacerlo descargando el inodoro. Luego, el alcantarillado se los llevan muy, muy lejos. Pero la descarga del inodoro no fue siempre la solución obvia. Con los años, el inodoro ha adoptado muchos diseños y formas. Entonces, ¿quién tiene el mérito de haber creado el inodoro?

La antigua Roma

La historia del origen del inodoro es turbia. Existen indicios de que los escoceses o los griegos pudieron haber construido los primeros baños del mundo. Pero los antiguos romanos construyeron los mejores acueductos. Los acueductos son sistemas de tuberías que transportan el agua a las grandes ciudades. ¡Son una excelente manera de importar agua de fuentes lejanas!

Los romanos construyeron baños públicos y **comunales**. Eran grandes estructuras con largos bancos donde las personas podían sentarse y hacer sus necesidades. ¡En la ciudad de Roma llegó a haber 144 **letrinas** y baños comunales!

Sin embargo, los romanos no comprendían bien en qué consistía la buena **higiene**. No podían simplemente comprar papel higiénico en un mercado local. En cambio, se limpiaban con un palo comunal que tenía una esponja en el extremo. Desafortunadamente, esa práctica propagaba las bacterias de una persona a otra.

Esta ilustración del siglo XIX muestra a una romana con sus sirvientas en un baño comunal.

6

Los científicos estiman que los acueductos romanos transportaban aproximadamente 60 metros cúbicos de agua por minuto. Imagina un prisma rectangular lleno con 60 metros cúbicos de agua. Tiene una altura de 5 metros. ¿Cuáles son todas las dimensiones posibles de su base? Dibuja y rotula modelos para probar tus soluciones.

letrinas públicas de
la antigua Roma

Inglaterra

Antes de que hubiera baños e inodoros con depósito, las personas recurrían a las bacinillas para hacer sus necesidades. Esos recipientes se usaban como inodoros **portátiles**. Solían guardarse debajo de la cama.

En la Inglaterra medieval, casi todos usaban estas antiguas bacinillas. Pero la evolución del inodoro estaba a punto de dar un gran salto. En ese entonces, el retrete hizo su aparición oficial. Era un complemento único —y maloliente— de los castillos.

antigua bacinilla de cobre

interior del retrete del castillo Skipton, en Inglaterra

Los retretes eran pequeñas habitaciones que se añadieron a los lados de los castillos. Se los ve sobresalir. Las personas entraban en esta habitación a hacer sus necesidades. Luego, la gravedad alejaba los residuos del retrete. En algunos castillos construidos posteriormente, los retretes desembocaban en el foso.

Entonces, ¿qué tenían de especial los retretes? Piensa en los edificios de tu ciudad. Casi todos tienen inodoros. Y los arquitectos que diseñaron esos edificios seguramente pensaron antes dónde ponerlos. Pero la primera vez que los arquitectos pensaron dónde debía ir el inodoro fue en la Inglaterra medieval.

El retrete del castillo Beauman de Gran Bretaña sobresale de la pared.

EXPLOREMOS LAS MATEMÁTICAS

Imagina que un constructor de la Inglaterra medieval va a duplicar la altura de la pared de piedra que hay detrás de un retrete, pero no piensa modificar las otras dimensiones. Cada piedra mide 1 metro cúbico. Usa la imagen de la pared original para contestar las preguntas.

pared original

1. ¿Qué dimensiones tiene la pared más alta? Dibuja y rotula un modelo para probar tu solución.

2. ¿Cómo se compara el volumen de la pared nueva con el volumen de la pared original?

El nacimiento del inodoro con depósito

En 1596, *sir* John Harington creó el primer inodoro con depósito del mundo. Harington era ahijado de la reina Isabel I. Se le ocurrió una idea para un inodoro nuevo. Su idea consistía en una taza llena de agua proveniente de una **cisterna**, o depósito, ubicada en el piso de arriba. El agua se llevaba los desechos al abrirse la **válvula** de la tubería de la taza. La reina hizo instalar este dispositivo moderno en su hogar de Richmond.

sir John Harington

Sin embargo, todavía faltaban muchos años para que el inodoro con depósito se convirtiera en un dispositivo hogareño popular. El invento de Harington requería 7.5 galones (28 litros) de agua para llevarse los desechos. ¡Es mucha agua! En el siglo XVI, casi nadie hubiera querido desperdiciar tanta agua. (Los inodoros actuales usan menos de 2 gal (8 L) de agua por descarga).

Thomas Crapper

El primer inodoro con depósito ofrecido al público en general fue uno creado por Thomas Crapper. (En inglés su apellido se refiere a... ¡qué coincidencia!). En 1851, Crapper expuso su inodoro en la Gran Exhibición de Londres. Esa muestra resultó ser una gran estrategia de mercadeo. Su negocio creció muchísimo. Después Crapper diseñó una línea de inodoros. Fueron todo un éxito. El uso del inodoro con depósito se extendió rápidamente por todo el mundo.

inodoro pintado de 1880

CHELSEA, LONDON, S.W. 59

Pedestal Wash=down Closets.

The "Cedric."

Combination No. 4.

No. 4 Combination, comprising White "Cedric" W.C., with Fig. 211 Polished Mahogany Seat with Back Board, 2 Gallon Ornamental Enamelled Iron Syphon Water Waste Preventer with 1½ in. Fittings, and China Pull and Enamelled Iron Brackets as shewn £4 8 9

Este anuncio del inodoro nuevo de Thomas Crapper pertenece a su catálogo de 1902.

EXPLOREMOS LAS MATEMÁTICAS

Las dimensiones del depósito del inodoro de Thomas Crapper (en pulgadas) eran de aproximadamente $20 \times 10 \times 11$. El volumen del depósito de John Harington medía aproximadamente el doble. ¿Cuál es un posible conjunto de dimensiones que podría haber usado Harington si su depósito hubiera tenido forma de prisma rectangular? Usa palabras, números o imágenes para demostrar tu solución.

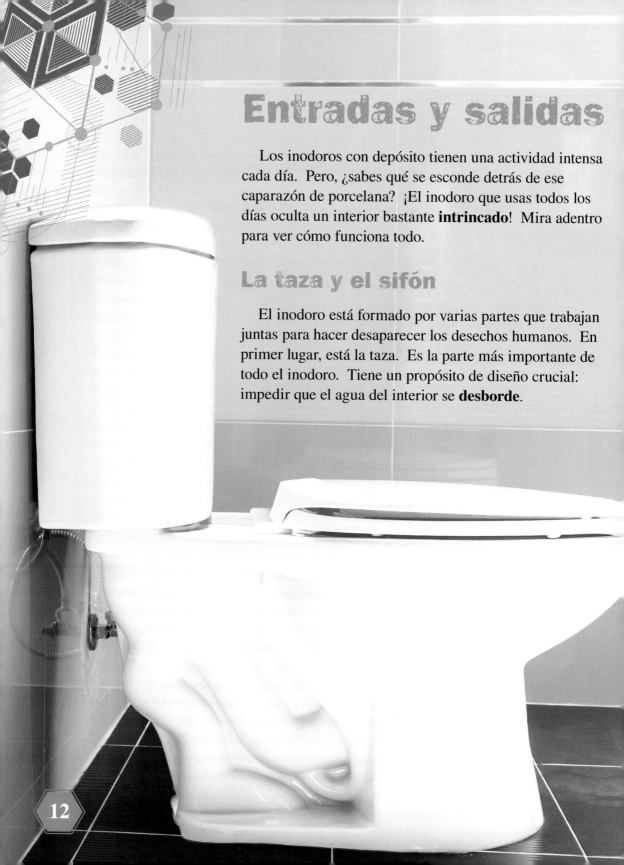

Entradas y salidas

Los inodoros con depósito tienen una actividad intensa cada día. Pero, ¿sabes qué se esconde detrás de ese caparazón de porcelana? ¡El inodoro que usas todos los días oculta un interior bastante **intrincado**! Mira adentro para ver cómo funciona todo.

La taza y el sifón

El inodoro está formado por varias partes que trabajan juntas para hacer desaparecer los desechos humanos. En primer lugar, está la taza. Es la parte más importante de todo el inodoro. Tiene un propósito de diseño crucial: impedir que el agua del interior se **desborde**.

Observa la tubería con forma de *S* que sale de la taza del inodoro. Es el sifón. Cuando accionas la descarga, el agua fluye hacia la taza para llevarse los desechos, el olor y los gérmenes. La función del sifón consiste en garantizar que la taza mantenga siempre el mismo nivel de agua. A medida que el agua entra en la taza, el tubo del sifón se llena. El sifón luego actúa rápidamente, succionando el excedente de agua de la taza. ¡Eso genera el ruido que todos conocemos y que nos encanta oír! Aunque viertas varios galones de agua en la taza, esta nunca se desborda. ¡Y eso evita inundaciones en el baño!

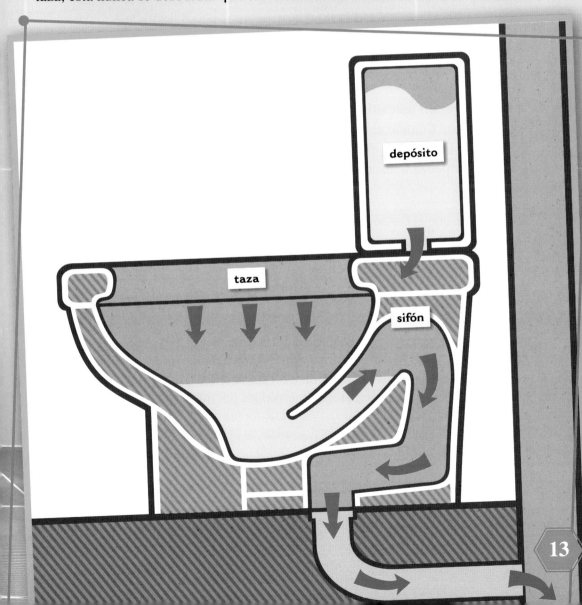

depósito

taza

sifón

La descarga y la carga

El depósito está ubicado encima de la taza del inodoro. En su interior hay válvulas y tubos sumergidos en agua. El depósito de agua es el punto de partida de la descarga de la taza.

Cuando accionas la manija de un inodoro, en realidad estás jalando una cadena que abre la válvula de descarga. La válvula de descarga del depósito se abre e inunda la taza del inodoro. Se libera más de un galón (4 litros) de agua en la taza, llenando el tubo del sifón para arrastrar los desechos humanos. ¡Y todo esto ocurre en unos pocos segundos!

Probablemente hayas notado que no puedes volver a descargar el inodoro inmediatamente después de la primera vez que lo hiciste. Eso se debe a que el depósito de agua debe cargarse de nuevo. El depósito del inodoro tiene un **mecanismo** llamado flotador. Esta pieza flota en el agua del depósito. Cuando el depósito se vacía, el flotador cae. Eso indica a la válvula de llenado que el depósito se ha quedado sin agua. Entonces esta válvula comienza a llenar el depósito lentamente, lo que a su vez eleva el flotador.

Una vez que el flotador regresa a su posición inicial, la válvula sabe que el depósito tiene suficiente agua para la siguiente descarga. Y, así no más, ¡el inodoro está listo para volverse a usar!

EXPLOREMOS LAS MATEMÁTICAS

Imagina que tus padres contrataron a un plomero para reemplazar el inodoro de tu casa. El plomero les da las dimensiones (en pulgadas) de tres depósitos posibles. Tus padres quieren instalar el de menor volumen. ¿Cuál de los siguientes depósitos deben elegir? Explica tu razonamiento.

A. $17 \times 8 \times 15$

B. $18 \times 8 \times 14$

C. $20 \times 8 \times 13$

Mecanismo de descarga

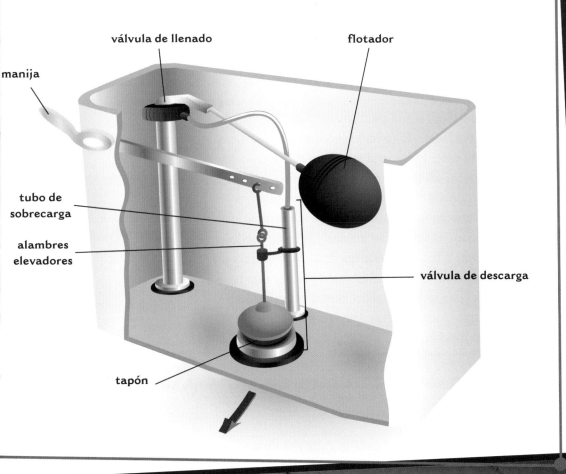

válvula de llenado

flotador

manija

tubo de sobrecarga

alambres elevadores

válvula de descarga

tapón

Inodoros de este mundo

En el mundo hay inodoros de todas las formas, colores y tamaños. Muchos países tienen inodoros modernos que van de lo simple a lo extravagante. ¡Hagamos una excursión mundial para ver inodoros de todo el planeta!

Un retrete único en Londres

Don't Miss a Sec (No te pierdas un segundo) fue instalado en 2004. Este baño londinense está ubicado en una calle bulliciosa y repleta de gente. Monica Bonvicini diseñó este servicio único. El inodoro está rodeado de espejos unidireccionales. Eso significa que nadie puede ver hacia adentro, ¡pero los usuarios sí ven hacia afuera! De este modo, pueden observar a los **transeúntes** desde el inodoro. La idea de Bonvicini era que, aunque tuvieras que ir al baño, pudieras seguir mirando lo que ocurría fuera de la estructura. Aun así, ¡hay que ser muy valiente para usar este inodoro!

El Palacio de porcelana en China

China se atribuye el baño más grande del mundo, ubicado en la ciudad de Chongqing. ¡Es un edificio de cuatro pisos con más de mil inodoros! A ese edificio se lo conoce como el Palacio de porcelana.

Don't Miss a Sec por dentro

Don't Miss a Sec por fuera

Unas visitantes admiran los lavabos con forma de elefante del baño público de Chongqing.

Don't Miss a Sec, de Monica Bonvicini, es un prisma rectangular. Tiene una longitud de aproximadamente 7 pies, una anchura de aproximadamente 6 pies y una altura de aproximadamente 8 pies.

¿Qué otros cuatro conjuntos de dimensiones podría usar la artista si quisiera construir otros de igual volumen?

el Palacio de porcelana

最牛的厕所

Dos opciones en Japón

Si viajas a Japón, probablemente encuentres dos tipos de inodoro: el de estilo japonés y el de estilo occidental.

Los inodoros de estilo japonés se usan de cuclillas. Estos inodoros, que son comunes en los países asiáticos, tienen un funcionamiento parecido al de los inodoros de los países occidentales. Sin embargo, debes ponerte de cuclillas en lugar de sentarte. Son los más habituales en los baños públicos japoneses. Eso se debe a que suelen ser más baratos de fabricar y más fáciles de limpiar.

Los inodoros de estilo japonés se instalan en el piso.

El inodoro de estilo occidental es la adaptación japonesa del inodoro moderno. Pero la versión japonesa tiene algunos accesorios más. Hay un panel de botones junto al inodoro. ¡Los usuarios tienen muchas opciones para asegurarse de que el trasero les quede bien limpiecito! Pueden elegir entre varias maneras de rociar el agua. También pueden decidir cuánta agua se necesita para llevarse los desechos. Tienen controles de temperatura del agua para un mayor confort. También cuentan con un ventilador para secar los **residuos** de agua. Los traseros quedan impecables. Y no se necesita tanto papel higiénico. Pero eso no es todo. ¡Algunos inodoros electrónicos tienen asientos térmicos y reproducen música!

inodoro de estilo occidental

Inodoros fuera de este mundo

Los astronautas viven experiencias únicas cuando viajan al espacio. Pero aún deben seguir yendo al baño mientras orbitan el planeta. Entonces, ¿exactamente cómo funciona un inodoro en el espacio?

En la Tierra, el funcionamiento de los inodoros se basa en la gravedad y en el hecho de que todas las cosas son atraídas hacia el suelo. Pero no sucede lo mismo en el espacio. Allí todo flota hacia arriba… ¡incluidos los desechos! Afortunadamente, la solución es sencilla. Los inodoros espaciales tienen aspiradoras que succionan los desechos.

Cuando los astronautas necesitan **orinar**, usan un pequeño embudo conectado a un tubo. Ese embudo sirve tanto para hombres como para mujeres. A su vez, el tubo está unido al inodoro. Una aspiradora succiona el líquido desde el tubo hasta el interior del inodoro. Los astronautas no necesitan sentarse para usar el tubo. Pueden permanecer de pie ¡o incluso estar cabeza abajo!

inodoro de transbordador espacial

A veces, los astronautas sí necesitan sentarse para hacer sus necesidades. En el espacio, cada inodoro con taza está equipado con correas para los pies y con barras que se colocan encima de los muslos para evitar que la persona salga flotando. Los astronautas solo deben asegurarse de mantener el trasero perfectamente apoyado sobre el inodoro. De lo contrario, la aspiradora no funcionará. ¿Te parece complicado? Es por eso que, antes de partir rumbo al espacio, los astronautas reciben entrenamiento sobre cómo usar este tipo de inodoro.

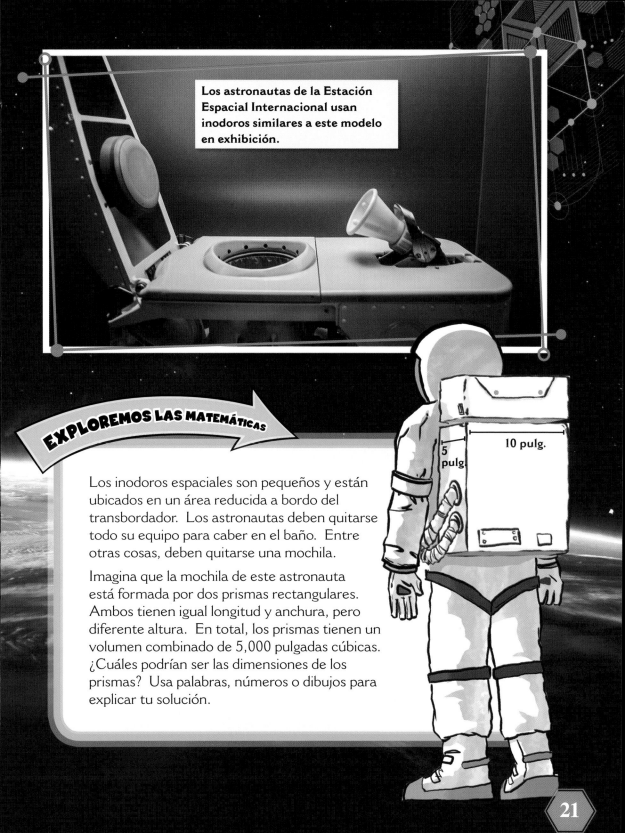

Los astronautas de la Estación Espacial Internacional usan inodoros similares a este modelo en exhibición.

EXPLOREMOS LAS MATEMÁTICAS

5 pulg.

10 pulg.

Los inodoros espaciales son pequeños y están ubicados en un área reducida a bordo del transbordador. Los astronautas deben quitarse todo su equipo para caber en el baño. Entre otras cosas, deben quitarse una mochila.

Imagina que la mochila de este astronauta está formada por dos prismas rectangulares. Ambos tienen igual longitud y anchura, pero diferente altura. En total, los prismas tienen un volumen combinado de 5,000 pulgadas cúbicas. ¿Cuáles podrían ser las dimensiones de los prismas? Usa palabras, números o dibujos para explicar tu solución.

En la cordillera Alai en Asia, unos pastores montaron este escusado con sábanas y tablas de maderas.

En el interior de Australia, unas personas construyeron este retrete con láminas largas de metal y un barril de plástico.

Los retretes en las naciones en vías de desarrollo

Hay una gran variedad de modelos de inodoros para elegir. Sin embargo, todos ellos comparten algo en común y es que tienen un precio. Todos los inodoros cuestan dinero. Muchos son modernas maravillas artísticas. Pero esos artefactos no son baratos. El costo de un asiento de inodoro electrónico japonés comienza en unos $150. Un inodoro espacial como los de la NASA puede llegar a costar hasta 30 millones de dólares. Incluso un inodoro estándar cuesta al menos $130.

Ahora bien, ¿qué sucede en los países donde las personas no pueden pagar esos precios tan elevados? Además, los inodoros modernos necesitan agua limpia para funcionar y buenos sistemas de tuberías para eliminar los desechos.

Este escusado de Zambia está hecho de ramas secas atadas a palos.

En Bombay, India, unas personas construyeron este retrete.

Para los habitantes de los países desarrollados, la visita al inodoro es parte de la rutina diaria. Sin embargo, más de 2,400 millones de personas en todo el planeta no tienen la misma suerte. Una de cada tres personas en el mundo no cuenta con retretes seguros y limpios.

En Nigeria, aproximadamente 7 de cada 10 habitantes no tienen acceso a retretes limpios. ¡Eso equivale a más de 130 millones de personas! En cambio, muchos **defecan** al aire libre. Hacen sus necesidades en campos, lagos o calles laterales. No tienen otra opción. Incluso cuando sí cuentan con un retrete, este suele estar sucio o mal construido. Esta situación propaga gérmenes y enfermedades.

Nigeria

Un retrete limpio es esencial para la salud de una persona. Los desechos están llenos de bacterias. Los inodoros alejan rápidamente las bacterias de los lugares donde las personas viven, respiran, beben y comen. Sin retretes, las bacterias se propagan. Si las bacterias ingresan en los alimentos y en el agua potable, estos pueden resultar **contaminados**. Pueden causar enfermedades a las personas. Hasta pueden producirles la muerte.

La ONU reconoce la importancia de contar con retretes limpios y seguros. Por eso los incluyó como su sexto Objetivo de Desarrollo **Sostenible**. El plan es lograr que de aquí al año 2030 todo el mundo tenga acceso a un inodoro.

Para hacer realidad este objetivo, la ONU estableció el Día Mundial del Retrete en 2013. Este día sirve para crear conciencia. Se celebra el 19 de noviembre de cada año. Durante el Día Mundial del Retrete, se anima a las personas a participar activamente. También se dan muestras de apoyo hacia quienes necesitan ayuda en el mundo.

Entonces, ¿qué puedes hacer para ayudar? Explica a los demás la importancia de tener inodoros limpios. Este suele ser un tema **tabú**. A la gente no le gusta hablar sobre inodoros. Sin embargo, no es posible resolver los problemas si antes no sabemos que existen.

Miembros de las Naciones Unidas se reúnen para debatir sobre el Día Mundial del Retrete.

Este grupo de personas de Nueva York es uno de los primeros en conmemorar el Día Mundial del Retrete en 2014.

Los inodoros del mañana

En la actualidad, los ingenieros trabajan para resolver otros problemas relacionados con los desechos. Los inodoros aún usan unos 2 gal (8 L) de agua por descarga. Los ingenieros quieren reducir esa cantidad. En 2012, un equipo comenzó a diseñar un nuevo tipo de inodoro. Un inodoro de compostaje absorbe el agua contenida en los desechos. Luego, convierte esos desechos en **fertilizante**. El fertilizante puede añadirse a la tierra para mejorar el crecimiento de los árboles y los jardines. Lo mejor de todo es que el inodoro solo usa 0.2 gal (1 L) de agua por descarga. Esto permite ahorrar un montón de agua.

Este nivel de cambio tomará tiempo. Los cambios se producen cuando todos colaboran. Las nuevas tecnologías aplicadas a los inodoros también son útiles. Con suerte, la toma de conciencia y la innovación podrán cambiar el mundo, un inodoro a la vez.

Aún en etapa de desarrollo, este inodoro usa nano membranas para limpar los desechos en casa.

THIS IS A
·COMPOSTING TOILET·

IT RECYCLES HUMAN WASTE . . .
Solids and liquids are biologically converted into fertilizer.
IT REPLICATES NATURAL BIOLOGICAL PROCESSES . . .
Oxygen is drawn through moistened wood shavings to create an environment in which bacteria break down organic matter without unpleasant odor.
THIS ENVIRONMENTALLY FRIENDLY TOILET DOES NOT USE WATER . . .
This composter saves the water required for flushing a standard toilet.
THIS IS A WATERLESS TOILET, PLEASE . . .
• DO NOT PUT matches, cigarettes or cigars in this toilet.
• Dispose of trash and inorganic items in appropriate containers.
• Use only toilet paper.
• Close the toilet lid after use.
COMPOSTING TOILETS SAVE WATER IN HOMES, CABINS, BUSINESSES AND PUBLIC FACILITIES!

Restroom Solutions, Inc.
1-800 678-0284

PLEASE CLOSE LID

AFTER USE

Este es un inodoro de compostaje de Arizona.

27

🔧 Resolución de problemas

¿Qué sucede si sientes el llamado de la naturaleza mientras te encuentras justamente en medio de la naturaleza? Una opción es usar un inodoro portátil. A estos artefactos se los suele conocer como inodoros para campamento porque es muy común verlos en las carpas y en las cabañas. Pero también se usan en otros lugares, como barcos y vehículos recreativos. Hasta los excursionistas los llevan en sus largas caminatas.

Imagina que trabajas en una compañía de equipos para el aire libre. Tu compañía vende unos inodoros para campamento que tienen el depósito con forma de prisma rectangular. Te han asignado la tarea de diseñar y redactar la página del nuevo catálogo que incluye estos productos, además de contestar las preguntas de los clientes.

1. Halla las especificaciones que faltan para completar la descripción de cada inodoro.

2. Ordena los inodoros desde el de menor volumen hasta el de mayor volumen.

3. Los clientes llaman y escriben con preguntas. ¿Cómo responderías a cada pregunta?

   a. ¿Hay inodoros cuyas bases tengan la misma área? ¿Esos inodoros también tienen el mismo volumen? Explica.

   b. ¿Cuál de estos inodoros recomiendas a los excursionistas, quienes necesitarán mover el inodoro con frecuencia? ¿Por qué?

   c. ¿Cuál de estos inodoros recomiendas a los dueños de cabañas, quienes no moverán el inodoro una vez que esté ubicado en su lugar? ¿Por qué?

Especificaciones de inodoros para campamentos					
Inodoro	Longitud (pulg.)	Ancho (pulg.)	Altura (pulg.)	Área de la base (pulg. cuad.)	Volumen (pulg. cúb.)
A	12	16	14		
B	13	12			2,652
C		15	12	195	
D		15	15		2,925
E	17		14		3,808

Glosario

cisterna: recipiente que almacena una cantidad de agua

comunales: compartidos por una comunidad

contaminados: peligrosos, sucios o impuros

defecan: eliminan los desechos sólidos del cuerpo

desborde: salga por encima de los bordes de un recipiente

escusado: el lugar donde se hacen las necesidades

fertilizante: sustancia que se añade a la tierra para mejorar el crecimiento de las plantas

higiene: hábitos que sirven para mantener el cuerpo limpio y sano

intrincado: que tiene muchas partes y detalles pequeños

letrinas: escusados exteriores

mecanismo: parte mecánica con una función específica

orinar: eliminar los desechos líquidos del cuerpo

países en vías de desarrollo: naciones con un bajo nivel económico

portátiles: que se transportan con facilidad

residuos: cantidades pequeñas que quedan de algo

retrete: un espacio delimitado que cuenta con instalaciones específicas para hacer las necesidades

saneamiento: proceso de mantener un área limpia

sostenible: que puede durar o continuar durante largo tiempo

tabú: no permitido ni aceptable

trajinan: trabajan mucho durante largo tiempo

transeúntes: personas que pasan caminando por el lado de algo o de alguien

válvula: parte mecánica que controla el flujo de aire o de líquido

Índice

Soluciones

Exploremos las matemáticas

página 7:

1 m × 12 m; 2 m × 6 m; 3 m × 4 m; Los modelos deben mostrar tres prismas rectangulares que tengan una altura de 5 m y una base con un área de 12 m cuad.

página 9:

1. 7 m × 3 m × 6 m; El modelo debe mostrar un prisma rectangular que tenga una longitud de 7 m, una anchura de 3 m y una altura de 6 m.

2. El volumen es el doble del volumen de la pared original; El volumen de la pared original es 63 m cúb. y el volumen de la pared con la altura duplicada es 126 m cúb.

página 11:

El depósito del inodoro de Crapper tenía un volumen de 2,200 pulg. cúb., así que el depósito de Harington debe tener un volumen de 4,400 pulg. cúb. Ejemplo: 20 pulg. × 20 pulg. × 11 pulg.

página 14:

B; El depósito B tiene un volumen de 2,016 pulg. cúb., lo que es menor que el volumen del depósito A de 2,040 pulg. cúb. y que el volumen del depósito C de 2,080 pulg. cúb.

página 17:

Los prismas rectangulares deben tener un volumen de 336 pies cúb. Ejemplos: 4 pies × 4 pies × 21 pies; 6 pies × 4 pies × 14 pies; 7 pies × 4 pies × 12 pies; 3 pies × 8 pies × 14 pies

página 21:

Las respuestas variarán pero deberán tener un volumen combinado de 5,000 pulg. cúb.; Ejemplo: 5 pulg. × 10 pulg. × 25 pulg. (el volumen es 1,250 pulg. cúb.) y 5 pulg. × 10 pulg. × 75 pulg. (el volumen es 3,750 pulg. cúb.); 1,250 + 3,750 = 5,000

Resolución de problemas

1. **A:** 192 pulg. cuad.; 2,688 pulg. cúb.
   B: 17 pulg.; 156 pulg. cuad.
   C: 13 pulg.; 2,340 pulg. cúb.
   D: 13 pulg.; 195 pulg. cuad.
   E: 16 pulg.; 272 pulg. cuad.

2. C, B, A, D, E

3. a. Las bases de los inodoros C y D tienen la misma área (195 pulg. cuad.). No tienen el mismo volumen porque las alturas son diferentes.

   b. Las respuestas variarán. Ejemplo: *Recomendaría el inodoro C porque tiene el menor volumen y la menor altura, así que será más fácil de transportar.*

   c. Las respuestas variarán. Ejemplo: *Recomendaría el inodoro E porque tiene el mayor volumen. Es grande, pero no es necesario moverlo con frecuencia.*